¿Qué tal la comida española?

—edición revisada—

Hirofumi Doi
Takeshi Kakihara
Kazumi Hashimoto

Editorial DOGAKUSHA

本文写真提供： スペイン政府観光局（36・37頁）・土井　裕文・柿原　武史・蔀　純
　　　　　　　　大成　舞子・北村　亨・森　正樹・橋本　和美
本 文 挿 絵： 橋本　和美
表紙デザイン： アップルボックス

まえがき

　この本は初めてスペイン語を勉強しようとしている学生を対象とした教科書です.

　外国語の学習は難しそうだと思っている人や，苦手だと感じている人も多いことと思いますが，その原因の一つに難しい文法用語の存在があるのではないでしょうか．この教科書では，そのような難しい文法用語をできるだけ使わないようにしました．そのため，図やイラストを多用し，例えば，いくつかのパーツをパズルのように組み合わせることによって文の組み立て方がわかるようにするなどの工夫をしました.

　各課の練習問題は，選択肢方式を多くし学習者が自主的に学習に取り組めるようにしました．また，CD-ROM には単語集を収録しましたので，この教科書を使用する限りにおいては，学習者はほとんど辞書を使用することなく，スムーズに学習を進めることができます．もちろん，この単語集と辞書を併用することで学習効果が更に上がることは言うまでもありません.

　CD-ROM に収録された文法プラス・アルファーや練習問題は授業の進度や学習者の能力に合わせて分量を調節することができますので，各学習者が自分のペースで着実に学習することができます.

　言語は文化と切り離して考えることはできません．学習者もスペインの文化について知ることで，スペイン語学習に更に興味を持って取り組むことができるでしょう．そういった観点から，この教科書では，スペイン人の日常生活や習慣などについて紹介するコラム「スペインあれこれ」を設けました．コラムのテーマは，この教科書のメインテーマでもあるスペインの「食」に関連したものが中心となっていますが，できる限り幅広い話題を扱いました．また，キーワードにはスペイン語も併記しましたので，発展的な学習に役立ててください.

　それでは，スペインの食文化を通して，楽しくスペイン語を勉強しましょう！

¿Qué tal la comida española?

　　2006 年　初秋

著　者

新版にあたって

　初版刊行から 10 年が経過しました。新版は本文の数字や命令形の練習に変化をもたせ，付属 CD を音声のみとしました。また，本書の特徴のひとつ，スペインの食の文化を中心としたコラム「スペインあれこれ」も最新情報に差し替えました.

　　2017 年　初秋

著　者

Índice

Introducción

スペイン語を話す国々

国名を発音し，さらに白地図を完成させましょう． 🔘 1

España	Colombia
México	Venezuela
Guatemala	Ecuador
Honduras	Perú
El Salvador	Bolivia
Nicaragua	Chile
Costa Rica	Argentina
Panamá	Uruguay
Cuba	Paraguay
República Dominicana	Puerto Rico
	Guinea Ecuatorial

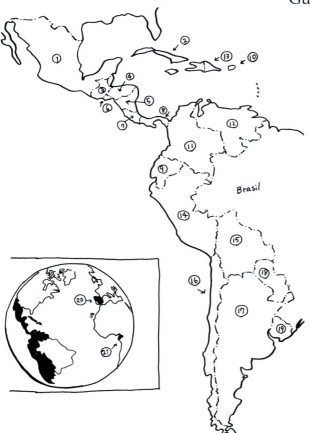

　現在スペイン語を公用語としているのはスペインのほか，ラテンアメリカの国々（メキシコ，グアテマラ，ホンジュラス，エルサルバドル，ニカラグア，コスタリカ，パナマ，キューバ，ドミニカ共和国，コロンビア，ベネズエラ，エクアドル，ペルー，ボリビア，チリ，パラグアイ，ウルグアイ，アルゼンチン，プエルトリコ），アフリカの赤道ギニアなど約20ヶ国に上ります．アメリカ合衆国にも多くのスペイン語話者がいます．さらにスペイン語はフィリピンの一部でも使われています．話者人口はおよそ4億7千万人と言われています．21世紀を迎え，アメリカ合衆国のヒスパニックの増加もあり今後は5億人以上に増大することでしょう．

文字と発音 —— スペイン語は単語のつづり字そのものが発音記号の役割を果たします．注意が必要なスペイン語特有のつづりをしっかり覚えれば，すぐに正しく発音できるようになります．

Ejercicios 練習 💿2

1 下の表は注意が必要な発音です．表をよく見て 1) ～ 15) の単語の下線部について正しい発音を選びましょう．

カ	キ	ク	ケ	コ	ガ	ギ	グ	ゲ	ゴ
ca	qui	cu	que	co	ga	gui	gu	gue	go
サ	シ	ス	セ	ソ	ハ	ヒ	フ	ヘ	ホ
za	ci	zu	ce	zo	ja	ji/gi	ju	je/ge	jo

ジャ	ジィ	ジュ	ジェ	ジョ
lla/ya	lli	llu/yu	lle	llo/yo
ニャ	ニュ	ニョ		
ña	ñu	ño		

〈その他〉　無音の h　　　hotel［オ**テ**ル］
　　　　　巻き舌の r, rr　radio［**ラ**ディオ］
　　　　　　　　　　　　　perro［**ペ**ロ］
　　　　イと発音する y　y［イ］

1) España　スペイン　a) ナ　　b) ニャ　　c) ヨ
2) Argentina　アルゼンチン　a) ジェ　　b) ヘ　　c) ゲ
3) Honduras　ホンジュラス　a) ホ　　b) ハ　　c) オ
4) Cuba　キューバ　a) キュ　　b) ク　　c) キ
5) hotel　ホテル　a) ホ　　b) オ　　c) ウ
6) yo　私は［が］　a) ジ　　b) ジョ　　c) ゴ
7) palillos　箸　a) ロ　　b) ジョ　　c) リリオ
8) zanahoria　ニンジン　a) ザ　　b) ジャ　　c) サ
9) hola　やあ　a) ホ　　b) オ　　c) ハ
10) queso　チーズ　a) ケ　　b) クエ　　c) カ
11) baño　浴室　a) ノ　　b) ニョ　　c) ニョウ
12) cocina　キッチン　a) シ　　b) キ　　c) チ
13) qué　何　a) クエ　　b) キウエ　　c) ケ
14) girasol　ヒマワリ　a) ジ　　b) ヒ　　c) ギ
15) Japón　日本　a) ジャ　　b) ヤ　　c) ハ

2 次の表は発音のポイントです．３つのポイントに注意して 1)〜10) の単語について強く読む部分に○をつけましょう． 🔊3

> ## 発音のポイント
>
> 1. アクセント記号がある場合 → アクセント記号がついたところを強く読む．
>
>   Japón ハ**ポン**   japonés ハポ**ネス**   Perú ペ**ルー**
>   日本   日本人(男性)   ペルー
>
> 2. a, e, i, o, u, n, s で終わる場合 → 後ろから２番目の母音 (a, e, i, o, u) を強く読む．
>
>   japonesa ハポ**ネ**サ   española エスパ**ニョー**ラ
>   日本人(女性)   スペイン人(女性)
>
> 3. 1. と 2. 以外の場合 → 一番後の母音 (a, e, i, o, u) を強く読む．
>
>   español エスパ**ニョル**   girasol ヒラ**ソル**
>   スペイン人(男性)   ヒマワリ

1) a-par-ta-men-to   アパート

2) ja-po-ne-ses   日本人(男性)[複数形]

3) Bar-ce-lo-na   バルセロナ

4) sim-pá-ti-co   感じのよい

5) Es-pa-ña   スペイン

6) ver-dad   真実

7) ma-tri-mo-nio   結婚

8) ma-ña-na   朝，明日

9) mo-to-ci-cle-ta   バイク

10) ca-mi-no   道

スペイン国内旅行の足

トレド遠影

スペインの国土は日本の約 1.3 倍あります。首都のマドリードはイベリア半島のほぼ真ん中に位置しますので，ここを起点にスペイン各地を旅行しようと思うと，多くの場合，数百キロの移動をしなければいけないことになります。例えば，北東の地中海岸にあるカタルーニャ（Cataluña）地方の中心地バルセロナ（Barcelona）は約 620 キロ，南のアンダルシア（Andalucía）地方の中心地セビージャ（Sevilla）は約 460 キロ，北西のガリシア（Galicia）地方の中心地サンティアゴ・デ・コンポステーラ（Santiago de Compostela）は約 630 キロ離れています。

オレンジの庭（セビージャ）

シンパティコ
Simpático
感じのよい

白い壁の家（アンダルシア）

安く旅行するならバス（el autobús），速く快適に旅行するなら飛行機（el avión）が便利ですが，最近は高速鉄道（el tren de alta velocidad）も便利になってきました．1992年にマドリード・セビージャ間に開通した高速鉄道 el AVE（**A**lta **V**elocidad **E**spañola）はそれまで6時間近くかかっていた同区間を2時間半で結び，アンダルシアへの旅行には欠かせない交通機関になりました．2008年にはスペインの二大都市を結ぶマドリード・バルセロナ線が全線開業し，7時間ほどかかっていた同区間を2時間半で結んでいます．また，バルセロナからフランス国境までの区間も開業し，高速鉄道でパリへ行くこともできるようになりました．

最近，航空業界の競争も激しくなってきましたので，飛行機の運賃も随分下がりました．インターネット（internet）を使って予約（la reserva）すると，バスよりも安いチケット（el billete）が手に入ることもあります．

スマホに表示された列車の e チケット

AVE（アトーチャ駅・マドリード）

サグラダ・ファミリア（バルセロナ）

ビジェーテ
billete
AVE
チケット

Lección

Buenos días. おはようございます. 4

Vocabularios

buenos días おはようございます；こんにちは   ¿qué tal? 元気?；どうですか?   bien よく，順調に
y そして   tú 君は   muy とても   gracias ありがとう   hasta また…   mañana 明日
buenas noches おやすみなさい；こんばんは

Ejercicios 練 習

1 6ページの表を参考にして，下記2の表現の発音をカタカナで書きましょう.

2 スペイン語と同じ意味の日本語を線で結びましょう. ⊚5

1) ¡Hola! •　　•また明日.

2) Buenos días. •　　•やあ！/ こんにちは！

3) Buenas tardes. •　　•どう？/ 元気？

4) Buenas noches. •　　•そして

5) Hasta mañana. •　　•おはよう / こんにちは.

6) Gracias. •　　•また来週.

7) Hasta la semana próxima. •　　•はじめまして.

8) Hasta la vista. •　　•さようなら.

9) Hasta luego. •　　•こんばんは / おやすみなさい.

10) Adiós. •　　•どういたしまして.

11) Encantado. (Encantada.) •　　•また会う日まで.

12) ¿Qué tal? •　　•また後で.

13) y •　　•ありがとう.

14) De nada. •　　•こんにちは.

15) Perdón. •　　•ごめんなさい.

ペルドン
perdón
ごめんなさい

スペイン料理基礎知識

¡Hola! ¿Qué desea?（やあ！ 何にしましょうか？）

皆さんはスペイン料理といえば何を思いつきますか？ やはりお米を使った料理, パエージャ（la paella）でしょうか？ paella は地中海地方の料理で, 特にバレンシアのもの（la paella valenciana）が有名ですが, スペイン各地で食べられる代表的な家庭料理です. そのため, 地方や家庭によって入る具も異なります. 例えば, 海鮮の入った paella marinera は日本にあるスペイン料理レストランでも定番メニューです. その他, la paella の仲間には, イカ墨が入って真っ黒な el arroz negro, リゾットのように汁気の多い el arroz caldoso, お米の代わりにフィデオ（los fideos）と呼ばれるパスタで作るフィデウア（la fideuá）などがあります.

パエージャ（スペインの代表的な米料理）

辛いソースをかけたポテトフライ

クロケッタス（一口サイズのコロッケ）

しかし，paella だけがスペイン料理ではありません．オリーブオイルをたっぷりと使って作るジャガイモ入りオムレツ（la tortilla），衣がふんわりと柔らかいイカのフライ（los calamares a la romana），暑い夏にぴったりの冷たい野菜スープ（el gazpacho），ゆでたタコに塩とオリーブオイル，パプリカをふった el pulpo a la gallega，カタクチイワシの酢漬け（los boquerones en vinagre），シンプルで美味しいマッシュルームの鉄板焼き（los champiñones a la plancha），一口サイズのコロッケ（las croquetas）など．数え切れないほど多くの料理があり，どれも結構日本人の味覚に合います．地方ごとに特色があり，一般的には南部のアンダルシアは揚げ物，中部のカスティーリャは肉類，南東部のバレンシアは米料理，北東部のカタルーニャは魚介類，北部のバスクはソースを使った煮込み，北西部のガリシアは煮込みと魚介類が有名です．

イカのフライ

バスク地方の煮込み料理（上に白アスパラガスがのっている）

プルポ
pulpo
タコ

Lección 2

¿Eres español? 君はスペイン人？ 🔘 6

① ¿Eres tú español?

② Sí, yo soy español. Soy de Barcelona. ¿Y tú?

③ Soy japonés. Soy de Osaka.

aceite de oliva

pan

tomate　ajo　pan con tomate

takoyaki

🌱 Vocabularios

español　スペイン人(男性)　sí　はい　y　そして　Barcelona　(地名)バルセロナ
japonés　日本人(男性)

Expresiones　表現　🔘 7

「○は△人です.」「○は△出身です.」「○は△(身分・性質)です.」

○は	…です ser	△の内容
Yo [ジョ] 私は	soy [ソイ] です	español(es)* [エスパニョール] [エスパニョーレス] スペイン人(男性)[複数形]
Tú [トゥ] 君は	eres [エレス] です	española(s)* [エスパニョーラ(ス)] スペイン人(女性)[複数形]
Él [エル]　Ella [エジャ]　Usted [ウステッ]　Ken [ケン] 彼は　　彼女は　　あなたは　　　　ケン(人名)は	es [エス] です	de + 地名 ～出身
Nosotros [ノソートロス]　Nosotras [ノソートラス] 私たちは	somos [ソモス] です	estudiante(s)* [エストゥディアンテ(ス)] 学生
Vosotros [ボソートロス]　Vosotras [ボソートラス] 君たちは	sois [ソイス] です	amable(s)* [アマブレ(ス)] 親切な
Ellos [エジョス]　　　　Ellas [エジャス] 彼らは　　　　　　　彼女らは Ustedes [ウステデス]　Ken y María [ケン・イ・マリーア] あなた方は　　　　　ケンとマリア(人名)は	son [ソン] です	grande(s)* [グランデ(ス)] 大きい

　　　　　　　　　　* (s)(es) は，主語「○は」が複数形の場合に用いるかたち.

¡OJO! オホ! 気をつけて!

☆ nosotros/nosotras (私たちは) の使い分け: nosotros は私たちを構成するメンバーが男性，あるいは男女
　混合の場合. nosotras は構成メンバーが女性のみの場合に用います. vosotros/vosotras (君たちは)も同様
　です.

チョコラーテ
Chocolate
ホットチョコ

☆ tú (君は)，vosotros/vosotras (君たちは) は家族，友人など親しい相手に対して用います.

☆ usted (あなたは) ustedes (あなた方は) は目上，初対面の人などに対して用います.

Ejercicios 練習

1 次の文は「○は△です」という表現を表します．14ページの表から適切な語を選んで（　　　）に補いましょう．

例　(Yo) soy estudiante.　　　　　　　(私は)学生です．

1) (　　　　) es española.　　　　　　　彼女は（　　　　　）です．

2) Vosotros (　　　) de Barcelona.　　　（　　　　　　）はバルセロナ出身です．

3) Yo (　　　) grande.　　　　　　　　（　　　）は（　　　　）です．

4) Nosotros somos (　　　　　　).　　　（　　　　　　）は大きいです．

5) (　　　　) eres (　　　　　　).　　　（　　　　　　）は親切です．

2 スペイン語は主語を省略することができます．1の1)～5)の文について，主語を省略した文を作りましょう．

例　Yo soy estudiante. 私は学生です． → Soy estudiante. 私は学生です．

1)

2)

3)

4)

5)

3 否定文は動詞（**soy, eres, es, somos, sois, son**）の直前に **no** を入れます．1の1)～5)の文を否定文に書き換えましょう．

例　Yo soy estudiante. 私は学生です． → Yo no soy estudiante. 私は学生ではありません．

1)

2)

3)

4)

5)

bar はとっても便利な社交の場

バルのおしゃれな入口

スペインの街角には bar という看板を掲げた店があちこちにあり，いつもたくさんの人で賑わっています．bar というと，日本ではお酒を飲むところというイメージですが，スペインの bar は「バル」と発音し，カフェと居酒屋と軽食レストランを兼ねた大変便利なお店です．

バルは社交の場

土井・柿原・橋本　編

新・スペイン料理はいかが？

文法プラスアルファー

Introducción

<アルファベット>

☆ スペイン語のアルファベットは英語の26文字にスペイン語独自のñを加えた27文字です。

☆ a, e, i, o, u が母音字で、その他は子音字です。

A a	B b	C c	D d	E e	F f	G g	H h
ア	ベ	セ	デ	エ	エフェ	へ	アチェ
I i	J j	K k	L l	M m	N n	Ñ ñ	
イ	ホタ	カ	エレ	エメ	エネ	エニェ	
O o	P p	Q q	R r	S s	T t	U u	
オ	ペ	ク	エレ	エセ	テ	ウ	
V v	W w	X x	Y y	Z z			
ウベ	ウベドブレ	エキス	ジェ	セタ			

<人名：個人名>

男性：Mario　　Juan　　Enrique　　Antonio　　Carlos　　José

女性：María　　Juana　Sonia　　Ana　　　Carmen　　Isabel　　Eva

<国・語・人>

España	スペイン	español	スペイン語・スペイン人男性	española	スペイン人女性
Japón	日本	japonés	日本語・日本人男性	japonesa	日本人女性
Francia	フランス	francés	フランス語・フランス人男性	francesa	フランス人女性
Inglaterra	イギリス	inglés	英語・イギリス人男性	inglesa	イギリス人女性
Italia	イタリア	italiano	イタリア語・イタリア人男性	italiana	イタリア人女性
EE.UU.	アメリカ合衆国	estadounidense	アメリカ人男性女性		

<都市名>

Madrid	マドリード	madrileño	マドリードの人（男）	madrileña （女）
Sevilla	セビージャ	sevillano	セビージャの人（男）	sevillana （女）
Barcelona	バルセロナ	barcelonés	バルセロナの人（男）	barcelonesa （女）
País Vasco	バスク	vasco	バスクの人（男）	vasca （女）
Galicia	ガリシア	gallego	ガリシアの人（男）	gallega （女）
Cataluña	カタルーニャ	catalán	カタルーニャの人（男）	catalana （女）
Castilla	カスティージャ	castellano	カスティージャの人（男）	castellana （女）

Lección 1

<あいさつことばのいろいろ>

Muy buenos días.	おはようございます。
Muy buenas tardes.	こんにちは。
Muy buenas noches.	こんばんは。
Buenos días tenga usted.	おはようございます。（かしこまった丁寧な表現）

¿Qué hay?　　　　　　　やあ

¿Cómo estás?	元気？
¿Cómo te encuentras?	調子はどうだい？
¿Cómo te va?	調子はどうだい？

Muy bien.	とても調子いいです。
Bien.	調子いいです。
Así, así.	そこそこ。

※ 日本人は、Así, así. と答えたくなりますが、いつもと変わらない体調なら Bien. という返答が望ましい。

Regular.	イマイチ。
Muy mal.	とても調子が悪い。

Muchísimas gracias.	どうもありがとうございます。
Mil gracias.	どうもありがとうございます。
Un millón de gracias.	どうもありがとうございます。

¿Qué tal? は、直後に名詞を置いて、調子のほか、お薦めを表現できます。

¿Qué tal el examen?	試験（の結果）はどう？
¿Qué tal la comida española?	スペイン料理はいかがですか？

Lección 2

＜語　順＞

スペイン語の語順は比較的自由です。ですから、Tú eres mi flor. （君は私の花だ。mi ... 私の）という文を考えた場合、次の3つの可能性があります。

1. Tú eres mi flor.
2. Eres tú mi flor.
3. Mi flor eres tú.

ただし、語順を変えると若干ニュアンスの変わる場合があります。スペイン語では、文末に置かれる要素が、話し手の強調したい事柄・相手の知りたい事柄になる傾向にあります。ですから語順が両極端な 1. と 3. に絞って説明すると：

1.「私は君にとってどんな存在なの？」という質問に対して、「君は、僕の華（のようないつも見ていたい存在）なんだよ」

3.「誰が華のような存在なの？」って尋ねられた場合に、「私にとっての華は君なのさ」

とそれぞれ表現する際にふさわしい語順になります。

＜接続詞＞

接続詞 y は、肯定的な連結「そして」に用い、接続詞 o は選択「あるいは、または」に用いられ、pero「しかし」や sino「(…ではなく) ～である」は前の文を否定するのに用います。

y (e)「そして」

Juan y María	フアンとマリア
español e inglés	スペイン語と英語　(i-, hi- で始まる語の前では e に変わる)

o (u)「または」「か」、

¿Café o té?	コーヒーそれとも紅茶？

siete u ocho 7か8 　　(o-, ho- で始まる語の前では u に変わる)

pero「しかし」
　　Él es joven pero rico. 　彼は若いがお金持ちです。

sino「…ではなくて、〜である」
　　María no es mexicana sino española. マリアはメキシコ人ではなくスペイン人です。

porque「なぜなら」
　　Voy a comer porque tengo hambre. 私はおなかがすいているので食べます。

Lección 3

＜副　詞＞

ある動作や状態などの内容を詳しく説明します。語形変化はしません。文中での位置は、

　　主語＋動詞＋副詞：Ella habla rápido.「彼女は速く話す」

　　副詞＋形容詞：muy bonita 「とてもかわいい」

　　副詞＋副詞：muy bien 「とても上手に」

となります。文を修飾する場合の位置は文頭にくることが多いですが、あまり制限がありません。

場所	aquí	ここに	ahí	そこに	allí	あそこに		
時	hoy	今日	ayer	昨日	mañana	明日	ahora	今
方法	bien	よく	mal	悪く				
量	más	もっと	muy	とても	mucho	とても	bastante	かなり
肯定	sí	はい	también	〜もまた				
否定	no	いいえ	nunca	決して〜ない	tampoco	〜もまた〜ない		
疑惑	quizá	多分	tal vez	多分				

-mente 副詞　correcto　正しい　　→　correctamente　正しく

　　　　　　　feliz　　幸せな　　→　felizmente　　幸せに

＜前置詞＞

名詞句の前について他の語との関係を示します。

a	llegar a ＋場所	〜に着く	esperar a ＋人	〜を待つ
con	con ＋人	〜と一緒に	café con leche	ミルク入りコーヒー、カフェラテ
de	ropa de Ana	アナの服	hablar de ＋題材	〜について話す
durante	durante las vacaciones	休みのあいだ		
en	en ＋場所	〜で、〜に	en ＋言語名	〜語で
para	para ＋人	〜のために	para ＋動詞	〜するために

＜前置詞句＞

antes de 　〜の前に　　　　　cerca de 　〜の近くに　　　　debajo de 　〜の下に

después de 〜の後に　　　　　detrás de 　〜のうしろに　　　encima de 　〜の上に

＜中性定冠詞 lo ＞

lo ＋ 形容詞　　lo importante　　大切なこと

lo de ＋ 名詞　　lo de ayer　　　昨日のこと　　　lo de María マリアのこと

Lección 4

＜所有形容詞前置形＞

「…の」を表します。たとえば所有形容詞「私の (mi)」＋名詞「家 (casa)」で、mi casa となります。後続の名詞に合わせて性数変化します。mi casa → mis casas

私の	mi(s)	私たちの	nuestro(s)／nuestra(s)
君の	tu(s)	君たちの	vuestro(s)／vuestra(s)
彼の	su(s)	彼らの	su(s)

＜所有形容詞後置形＞

「…の」を表します。名詞の後に付きます。たとえば「私の (mío)」＋「友達 (amigo)」は amigo mío となります。名詞に合わせて性数変化します。友達が女性の場合 (amiga)は、mío が mía と女性形に変化し、amiga mía となります。

私の	mío, míos mía, mías	私たちの	nuestro, nuestros nuestra, nuestras
君の	tuyo, tuyos tuya, tuyas	君たちの	vuestro, vuestros vuestra, vuestras
	彼の　　（彼らの） 彼女の　（彼女たちの） あなたの　（あなた方の）		suyo, suyos suya, suyas

＜指示形容詞＞

「この、その、あの」を表す語で、名詞の前に置かれます。たとえば、「この (este)」＋「本 (libro)」で este libro となります。

この	este	estos	esta	estas
その	ese	esos	esa	esas
あの	aquel	aquellos	aquella	aquellas

＜指示代名詞＞　※新正書法ではアクセント記号不要

「これ」・「それ」・「あれ」を表します。指示代名詞にはアクセントがつきます。たとえば「これは (éste) 私の (mi) 本 (libro) です (es)」は、Éste es mi libro. となります。ただし名詞の性数を意識しないときは指示代名詞でもアクセント記号がない中性形「これ (esto)」を用います。

これ	éste	éstos	ésta	éstas	esto
それ	ése	ésos	ésa	ésas	eso
あれ	aquél	aquéllos	aquélla	aquéllas	aquello

＜日付・曜日の表現＞

日付	¿A cuántos estamos hoy? ／ ¿Qué fecha es hoy?	今日は何日ですか？
	— Estamos a 30 de octubre.	今日は10月30日です。
曜日	¿Qué día (de la semana) de hoy?	今日は何曜日ですか？
	Hoy es domingo.	今日は日曜日です。

lunes	martes	miércoles	jueves	viernes	sábado	domingo
月曜日	火曜日	水曜日	木曜日	金曜日	土曜日	日曜日

Lección 5

＜40以上の数字と序数＞

	40 ～ 10.000			＜序数＞	
40	cuarenta	400	cuatrocientos(-as)	1番目の	primero(primer)
50	cincuenta	500	quinientos(-as)	2番目の	segundo
60	sesenta	600	seiscientos(-as)	3番目の	tercero(tercer)
70	setenta	700	setecientos(-as)	4番目の	cuarto
80	ochenta	800	ochocientos(-as)	5番目の	quinto
90	noventa	900	novecientos(-as)	6番目の	sexto
100	cien (ciento)	1.000	mil	7番目の	séptimo
200	doscientos(-as)	10.000	diez mil	8番目の	octavo
300	trescientos(-as)			9番目の	noveno
				10番目の	décimo

＜時　刻＞

時刻には女性定冠詞を使います。1時だけ単数形を使い、それ以外は複数形になります。毎時30分を境に、「過ぎ」はy、「前」はmenosを使います。15分はcuarto、30分はmediaという形になります。

¿Qué hora es?	いま何時ですか。
— Es la una.	1時です。
— Son las tres y cuarto.	3時15分です。（Son las tres y quince. も使われる）
— Son las cuatro y media.	4時半です。
— Son las seis menos cuarto.	5時45分です。

＜存在を表すhay＞

「～がある・～がいる」というのをスペイン語では、hayを使って表現します。

Hay un señor allí.	あそこに男の人がいます。
Allí hay muchos libros.	あそこにたくさんの本があります。

Lección 6

＜規則動詞＞

使用頻度の高い基本動詞

-**ar**動詞：amar（愛する）/ andar（歩く）/ ayudar（助ける）/ bailar（踊る）/ cantar（歌う）/ cenar（夕食をとる）/ desayunar（朝食をとる）/ enseñar（教える）/ entrar（入る）/ escuchar（聴く）/ esperar（待つ）/ estudiar（勉強する）/ fumar（タバコを吸う）/ ganar（稼ぐ）/ gastar（消費する）/ invitar（招待する）/ lavar（洗う）/ llegar（着く）/ mirar（見る）/ nadar（泳ぐ）/ pagar（払う）/ practicar（練習する）/ preguntar（質問する）/ tocar（弾く）/ viajar（旅行する）

-**er**動詞：aprender（学ぶ）/ beber（飲む）/ comer（食べる）/ comprender（理解する）/ correr（走る）/ creer（思う、信じる）

-ir 動詞：abrir（開ける）/ asistir（出席する）/ subir（上がる）/ partir（出発する）/ recibir（受け取る）

＜疑問詞＞

qué	何の、どんな	cuándo	いつ
quién/quiénes	誰	dónde	どこに（で）
cuál/cuáles	どれ、どちら	cuánto/ta/tos/tas	いくつの、どれだけの
cómo	どんなふうに、どのように		

＜感嘆文＞

非常に感心したり驚いたりしたときに使う「（本当に）～だなあ！」「（なんと）～なのだろう！」などの表現です。

¡Qué +名詞！	¡Qué suerte!	なんて幸運なの！
¡Qué +形容詞！	¡Qué rico!	なんておいしいの！
¡Qué +副詞！	¡Qué bien cocinas!	君はなんて料理が上手なの！

Lección 7

＜目的格代名詞＞

「～を」（直接目的格人称代名詞）Yo regalo una flor a María.　　私はマリアに花を贈る。
　　　　　　　　　　　→ Yo la regalo a María.　　私はマリアにそれを贈る。

「～に」（間接目的格人称代名詞）Yo regalo una flor a María.　　私はマリアに花を贈る。
　　　　　　　　　　　→ Yo le regalo una flor.　　私は彼女に花を贈る。

「～に、～を」（間接目的格人称代名詞＋直接目的格人称代名詞）

　　Yo te la regalo.　私は君にそれを贈る。（目的語が２つ並ぶときは「～に」・「～を」の順。）

　　Yo se la regalo.　私は彼[彼女]にそれを贈る。

　　　　　　　　（「～に」も「～を」も３人称の場合は le, les が se になります。）

不定詞＋人称代名詞　　　Yo quiero regalártelo.　　私は君にそれを贈りたい。

　　　　　　　　（目的格代名詞が不定詞につく場合は、不定詞と一体化します。）

前置詞＋人称代名詞　　　¿Tú vas conmigo?　　君は私と一緒に行く？

　　　　　　　　　—Voy contigo.　　　　—私は君と一緒に行く。

＜中性人称代名詞＞

lo + ser, estar, parecer：¿Eres japonesa? — Sí, lo soy.　君は日本人（女性）ですか？ — はい、そうです。

＜否定語と不定語＞

不定語は、話の中に登場する人・物事などがはっきりしないとき（あるいははっきりさせる必要のないとき）に用います。

alguien	誰か	nadie 誰も～ない	¿Viene alguien?	誰か来ますか？
			—No, no viene nadie.	いいえ、誰も来ません。
algo	何か	nada 何も～ない	¿Quieres algo?	何か欲しいの？
			—No, no quiero nada.	—いいえ、何も欲しくないよ。
algún, alguno/na/nos/nas			¿Tienes alguna pregunta?	
			何か質問はある？	
ningún, ninguno/na/nos/nas			¿Hay alguna fruta? — No, no hay ninguna.	
			何か果物はある？ — いいえ、何もありません。	

Lección 8

＜天候表現＞

hacer: Hace buen tiempo.　よい天気です。 Hace calor.　　暑いです。　Hace frío. 寒いです。

estar: Está nublado.　　曇っています。 Está despejado. 晴れています。

llover: Llueve mucho.　　たくさん雨が降っています。

＜不規則動詞＞

1人称単数が -go	salir 出発する / traer 持ってくる / venir 来る / poner 置く	
1人称単数が -zco	conocer 知っている / producir 生産する / traducir 翻訳する	
語幹母音変化動詞	e → ie	empezar 始まる / entender 理解する / pensar 考える / querer 欲する / sentir　　感じる
	o → ue	dormir 眠る / encontrar　見つける / mover 動く / volver 戻る
	e → i	repetir 繰り返す / seguir　続ける / servir つかえる

＜不定詞＞

　動詞の活用のうち、辞書の見出し語の形を不定詞と呼びます。単独では、「～すること」という名詞の働きをします。

　Querer es poder.　　したいことはできることである。（＝なせばなる。）

　また、不定詞を用いた表現としては、次が挙げられます。

tener que…「～しなければならない」

　　Tienes que estudiar.　　君は勉強しなければならない。

ir a…「～するつもりである」

　　Yo voy a viajar.　　わたしは旅行するつもりです。

querer …「～したいです」

　　Quiero comer más.　　私はもっと食べたいです。

poder …「～することができる」

　　¿Puedes comprender?　君は理解できる？

acabar de …「～したばかりである」

　　Acabo de volver aquí.　私はここに戻ってきたばかりである。

dejar de …「～するのをやめる」

　　¿No dejas de fumar?　　君はたばこを吸うのをやめないの？

　不定詞単独で、命令にも使えますが、かなり威圧的になります。（「宿題をやっておくこと！」というニュアンスに近いと思われます）

　　¡No hacer clic!　クリックしないこと！

Lección 9

　gustar 型の動詞は、教科書にあがっている動詞のほか、次のようなものが該当します。辞書で調べて、例文・用法をチェックしてみよう（ここにあがっている動詞は、単語帳に意味を載せていません）。

chiflar	costar	dar igual
encantar	faltar	sobrar

Lección 10

＜再帰動詞＞

・ニュアンスを変える

　実は、ir（行く）や morir（死ぬ）・comer（食べる）・beber（飲む）という動詞も、再帰動詞の形になりえます。この場合、「～てしまう」というニュアンスになります。

　　¿Ya te vas? ― Sí, ya me voy.　もう行ってしまうの？―はい、もうおいとまします。

　　Me muero de hambre.　　　腹が減って死にそうだ。

　　Me como la paella.　　　　私はパエージャを平らげる。

・相　互

　お互い同じ行為をやり取りする場合も、再帰動詞を使います。

　　Nos escribimos cartas.　　私たちは文通しています。

　　Nos queremos mucho.　　私たちはとても愛し合っています。

・再帰動詞としてのみ使われる動詞

　数は少ないけれども、再帰動詞の形でしか使われない動詞があります。次の動詞の用法・例文を辞書で調べてみましょう。

　　arrepentirse　　　　　　　　　　　　　atreverse
　　jactarse　　　　　　　　　　　　　　　quejarse

Lección 11

＜命令を表す表現＞

　tú と vosotros の肯定命令以外は、接続法現在という形を使います。リズムとしては皆さんが Lección 6 で習った活用とほとんど同じです。教科書本文30-31ページと対比させて、どんな作り方になっているのか、観察してみましょう。

接続法現在（-ar,-er,-ir 規則動詞）

主　　　語＼動　　詞	買う comprar	食べる comer	開く、開ける abrir
Yo	compre	coma	abra
Tú	compres	comas	abras
Él, Ella, Usted	compre	coma	abra
Nosotros / Nosotras	compremos	comamos	abramos
Vosotros / Vosotras	compréis	comáis	abráis
Ellos, Ellas, Ustedes	compren	coman	abran

　　Profesor, hable más despacio, por favor.　先生、もっとゆっくりと話してください。

　　¡No dejes de estudiar español!　　　　　スペイン語を勉強するのを止めないでください！

　接続法を学習することによって、丁寧な依頼や仮定的な事柄を表現できるようになります。皆さんの心とスペイン語圏の人の心を＜接続＞するツールとなってくれることを願っています！

タパス（小皿料理）の並ぶカウンター

bar は朝早くから夜遅くまで開いていて，朝はスペイン名物の細長い揚げ菓子チュー ロス（los churros）とドロッとした濃厚なホットチョコレート（el chocolate）やエスプレッ ソコーヒーに牛乳をたっぷり注いだカフェオレ（el café con leche）で朝食をとる事ができます．昼は前菜とメインディッシュを選べる日替わり定食（el menú del día）を食べることもできますし，軽く食事を済ませたい人や忙しいビジネスマンは，バゲットパン（la barra）のサンドイッチ（el bocadillo）やジャガイモ入りオムレツの一切れ（el pincho de tortilla）とパンなどを食べることもできます．夕方には仕事を終えたビジネスマンが帰宅前に生ビール（la caña）を片手に小皿料理（las tapas）をつまみながら友人と語り合ったりしています．テレビでサッカー中継がある夜には，bar はサッカーファンで埋め尽くされ，大いに盛り上がります．

アンチョビーとトマトのタパス（小皿料理）

このように bar はただお酒を飲む場所ではなく，食事もできれば，喫茶店代わりに使ったり，友達と集う社交の場として利用したりできる便利なスペースなのです．スペインで日本のようなコンビニが発達しないのは，素敵な bar が町中にあるからかもしれません．

トルティージャ（ジャガイモ入りオムレツ）

Lección 3

Un café, por favor. コーヒーをください. 🎵8

① Un café, por favor.

② Para mí, una Coca-Cola, por favor.

③ Los churros de aquí son muy buenos.

④ ¿Ah, sí? Entonces los churros también, por favor.

🌱 Vocabularios

café コーヒー　por favor お願いします　para mí 私には　Coca-Cola コカコーラ
churros チューロス　de …の　aquí ここに　son → p. 14　muy とても
bueno(s) おいしい・よい　¿ah, sí? そうなの？　entonces それでは　también …もまた

Gramática しくみ 🎵9

1 人や物の名前（名詞）

	I. 自然性	II. 語尾で見分ける	複数形の作り方
男性名詞	padre 父 amigo 男の友達	-o　zumo ジュース	母音（a, e, i, o, u）＋ -s 　padres 　zumos 　naranjas
女性名詞	madre 母 amiga 女の友達	-a　naranja オレンジ -dad universidad 大学 -ción estación 駅 　　lección 課	→ 子音 ＋ -es 　universidades 　estaciones

 ¡OJO! 気をつけて!

☆ スペイン語の名詞には男性名詞・女性名詞があります.

☆ 上記のほかに男女同形の名詞もあります.　例 estudiante 男・女 学生

☆ 語尾で見分けられない場合は辞書で確認しましょう.
　　例 chocolate 男 チョコレート　　restaurante 男 レストラン　　leche 女 牛乳　　mano 女 手

Ejercicios 練習

1 複数形の作り方は母音＋-s, 子音＋-es となります. 次の語の複数形として適切なものを a) ～ c) から選びましょう.

1) señor …氏　　　　a) señores　　　b) señors　　　c) señoras

2) hotel ホテル　　　a) hoteles　　　b) hotels　　　c) hotel

3) estudiante 学生　　a) estudiante　　b) estudiants　　c) estudiantes

ナランハ
naranja
オレンジ

Gramática しくみ ⏺10

2 定冠詞（英語の *the*）**と不定冠詞**（英語の *a*）

		定 冠 詞 その…，例の…	不 定 冠 詞 ある…，ひとつの…，いくつかの [複]
単	男 性	**el** amig*o*	**un** amig*o*
数	女 性	**la** amig*a*	**una** amig*a*
複	男 性	**los** amig*os*	**unos** amig*os*
数	女 性	**las** amig*as*	**unas** amig*as*

¡Ojo!

☆ 冠詞は名詞の前に置かれます．[例] amigo（男の友達）という名詞の場合，性は男性，数は単数です．定冠詞を
　つける場合は el が選ばれます（**el** amigo）．名詞が複数形 amigos になれば，定冠詞も los に変化（→ **los**
　amigos）します．

Ejercicios 練 習

2 適切な定冠詞を a）〜 d）から選びましょう．

1) [a) el 　 b) la 　 c) los 　 d) las] mesa 　 テーブル
2) [a) el 　 b) la 　 c) los 　 d) las] flamenco 　 フラメンコ
3) [a) el 　 b) la 　 c) los 　 d) las] casas 　 家
4) [a) el 　 b) la 　 c) los 　 d) las] libros 　 本

3 適切な不定冠詞を a）〜 d）から選びましょう．

1) [a) un 　 b) una 　 c) unos 　 d) unas] persona 　 人
2) [a) un 　 b) una 　 c) unos 　 d) unas] profesoras 　 先生
3) [a) un 　 b) una 　 c) unos 　 d) unas] camarero 　 ウェーター
4) [a) un 　 b) una 　 c) unos 　 d) unas] muchacho 　 男の子

4 適切な定冠詞あるいは不定冠詞を a）〜 d）から選びましょう．

1) [a) un 　 b) una 　 c) unos 　 d) unas] lección 　 課
2) [a) el 　 b) la 　 c) los 　 d) las 　] restaurante 　 レストラン
3) [a) un 　 b) una 　 c) unos 　 d) unas] madre 　 母親
4) [a) el 　 b) la 　 c) los 　 d) las 　] universidades 　 大学

5 冠詞＋名詞の組み合わせとして正しいものを a）〜 c）から選びましょう．

1) a) unos libros 　　 b) los libro 　　 c) las libros
2) a) unas persona 　　 b) un personas 　　 c) las personas
3) a) unos amigas 　　 b) unas amigas 　　 c) unas amigos
4) a) las estudiante 　　 b) un estudiantes 　　 c) los estudiantes

スペインのお菓子

キャンディー店の看板

スペインのお菓子として日本でも有名なのは，チューロス（los churros）ではないでしょうか．ドーナツ・ショップやパン屋さんで見かける，あの棒状の揚げ菓子です．日本では砂糖でコーティングされていて甘いですが，スペインでは甘さはほとんどありません．bar などで注文すると渦巻状に揚げた churros を切り分けて皿に盛り付けてくれます．la porra と呼ばれる少し太めのものもあります．これらは，それ自体はあまり味が付いていません．店によっては少し塩味が付いているものもあります．ですから，お菓子というより軽食なのです．これをドロッとしたホットチョコレート（el chocolate）に浸して食べます．朝食として食べることが多いようですが，徹夜で遊んだ後の夜明けにチューロス専門店（la churrería）で眠い目をこすりながら食べるということもあります．

皿に山盛りのチューロス

チョコラテ（ホットチョコレート）

タルタ・デ・サンティアゴ（アーモンドケーキ）

　その他，スペインには地方ごとにさまざまなお菓子がありますが，ガリシア地方のアーモンド・ケーキ，タルタ・デ・サンティアゴ（la Tarta de Santiago）は甘さも控えめで日本人好みかもしれません．今ではスペイン全国で食べられますので，レストランでのデザート（el postre）として注文してみましょう．postreとしてよく出てくるのはプリン（el flan）ですが，カスタードクリーム（las natillas）やヨーグルトのようで味がまろやかな羊の乳で作った la cuajada，フルーツを甘いシロップに漬けた la macedonia というフルーツポンチも定番メニューのひとつです．

デザートにお勧めのプリン

ウィンドーにいっぱいのキャンディー

フルータ
fruta
フルーツ

Lección  4

¿Dónde estás? どこにいるの？ ◎ 11

③ Estoy **en** una cafetería.
Estoy **con** María.
Estamos muy **contentos**.

④ Y yo, ¡no **estoy contenta**!

① ¿Sí?

②¡Hola! ¿dónde **estás** ahora?

tareas

🌱 Vocabularios

hola やあ　dónde どこ　ahora いま　en …に　una→不定冠詞 p. 19　cafetería カフェ,
喫茶店　con …と一緒に　muy とても　contento/ta/tos/tas 機嫌がよい, うれしい　y そして
yo→p. 14　no …ない　tarea 宿題・仕事

Gramática 　しくみ　◎ 12

1　形容詞 —— 名詞の後ろに付いて，名詞の性質を表します.

例 | 名詞 amigo （男の）友達 | + | 形容詞 alto 背の高い

1） 語尾が -o で終わる形容詞　例 alto 背の高い
→ 名詞に合わせて語尾が -o, -a, -os, -as と４つに変化します.
amigo alto　amigos altos　amiga alta　amigas altas

2） 語尾が -o 以外で終わる形容詞　例 amable 親切な
→ 名詞に合わせて単数・複数のみの２つに変化します.
amigo/ga amable　　amigos/gas amables

Ejercicios 　練習

1　形容詞の使い方を確認しましょう. a)〜c)の形容詞のうち，適切なものを選びましょう.

1) la profesora (alto)　　[a) alto　　b) alta　　c) altos　　]
先生（女性）　背の高い

2) las japonesas (amable)　[a) amables　b) amablas　c) amablesas]
日本人（女性）[複数形] 親切な

3) los ríos (largo)　　　[a) larga　　b) largos　　c) largas　　]
川[複数形] 長い

トマテ
tomate
トマト

Expresiones 表現 13

① 「○は△にいる（ある）.」 ② 「○は△と（一緒に）いる.」 ③ 「○は△（いま△という状態）である.」

○は	いる / …である estar
Yo	estoy
Tú	estás
Él, Ella, Usted, 人名単, 事物単	está
Nosotros/Nosotras	estamos
Vosotros/Vosotras	estáis
Ellos, Ellas, Ustedes, 人名複, 事物複	están

+

① △に
　en + 場所
　en una cafetería　喫茶店に
② △と（一緒に）
　con + 同伴者
　con María　マリアと一緒に
③ △（という状態）
　+ 形容詞
　contento　機嫌がよい*

¡OjO! ［オホ! 気をつけて!］ * ③ の形容詞は主語の（性）数に一致します.

例　Él está contento.　　彼は機嫌がよいです.　　Ella está contenta.　　彼女は機嫌がよいです.
　　Ellos están contentos.　彼らは機嫌がよいです.　Ellas están contentas.　彼女らは機嫌がよいです.

Ejercicios 練習

2 次の文は「○は△にいる（ある）」，「○は△と（一緒に）いる」を表します．スペイン語を並べ替えて文を完成させましょう.

例　彼らは日本にいます. [Japón　ellos　en　están] → Ellos están en Japón.

1) 私はスペインにいます.　[España　en　yo　estoy]

2) その家は大阪にあります. [está　la　casa　en　Osaka]

3) 私はマリアと一緒にいません. [María　con　estoy　yo　no]

4) 私たちは彼らと一緒にいます. [nosotros　con　ellos　estamos]

3 次の文は「○は△（いま△という状態）である」を表します．主語（○は）を複数形にして書き換えましょう. 例　Él está cansado. → Ellos están cansados.
　　　　　　　　　　　　　　　彼は疲れています.　　　　　彼らは疲れています.

1) Yo estoy contento.
　　私は機嫌がよいです.

2) ¿Usted está enfermo?
　　あなたは病気ですか？

3) La comida está caliente.
　　その料理はあたたかいです.

4) ¿Estás lleno?
　　（君は）満腹なの？

セボージャ
cebolla
たまねぎ

レストランにて

日替わり定食のメニュー

スペインのレストラン（el restaurante）の一番の特徴は，気取らない家庭的でフレンドリーなサービスでしょう．下町の大衆食堂はもちろんのこと，どんな高級なレストランでも，明るく気さくなウェイター（el camarero）が出迎えてくれます（なぜか男性が多いようです）．

　レストランに入ると，¿Cuántos son? と人数を聞かれます．案内されて席に着くとメニュー（la carta）が出されます．まずは飲み物の注文をしましょう．スペイン料理には赤ワイン（el vino tinto）が良く合います．ボトル（una botella）でもグラス（una copa）でも注文できます．地方ごとに地酒がありますのでそれを試してみるのもいいでしょう．お酒が苦手な人はミネラルウォーター（el agua mineral）を注文すればいいのですが，炭酸入りの水（el agua con gas）か普通の水（el agua sin gas）かをはっきり注文しましょう．

気さくなカマレロ

ケソ
queso
チーズ

子豚の丸焼き（脚）

飲み物が出てくるまでにゆっくりと料理を選び，camarero が飲み物を持ってきた時に，注文をします．前菜（el primer plato）とメインディッシュ（el segundo plato）を注文するのが普通ですが，日本人の胃袋には量が多すぎる場合がありますので，primer plato ひとつを2人で分けたり（compartir），segundo plato は3人で2人前だけ注文したりするなど工夫が必要です．食事の後，camarero はデザート（el postre）の carta を持ってきます．余裕があれば，せっかくですから postre を試してみましょう．もうお腹がいっぱいという時は，コーヒー（el café）だけを注文しても構いません．

甘くて飲みやすいサングリア

サーモンのソテー

皿からあふれる生ハム

Lección 5

¿**Hay huevos?** たまごはありますか？ 💿 14

① "Mamá, ¿**hay** huevos? ¿ 🥔 ?"

② "Sí, **hay** cinco huevos en la nevera."

③ "Y ¿**hay** patatas?"

④ "**Hay** tres."

Vocabularios

mamá お母さん　huevo(s) たまご　sí はい　en …に　la → 定冠詞 p. 19　nevera 冷蔵庫
y そして　patata(s) ジャガイモ

Gramática　しくみ　💿 15

1 数字──1から15までは固有のかたちがあります．それ以上は原則として足し算になります．
uno は男性単数名詞の前では un になり，女性単数名詞の前では una となります．

1	uno (un, una)	11	once	21	veintiuno (veintiún, veintiuna)
2	dos	12	doce	22	veintidós
3	tres	13	trece	23	veintitrés
4	cuatro	14	catorce	24	veinticuatro
5	cinco	15	quince	25	veinticinco
6	seis	16	dieciséis	26	veintiséis
7	siete	17	diecisiete	27	veintisiete
8	ocho	18	dieciocho	28	veintiocho
9	nueve	19	diecinueve	29	veintinueve
10	diez	20	veinte	30	treinta

エウロ
euro
€
ユーロ

Ejercicios 練 習

1 適切な語を○で囲みましょう.

1) 15 分　　　(quince　quinto　quien) minutos
2) 7 分　　　(seis　siete　setenta) minutos
3) 3 時間　　(trece　treinta　tres) horas
4) 10 時間　　(diez　dieta　doce) horas
5) 2 人　　　(doce　dos　donde) personas
6) 30 人　　　(tres　trece　treinta) personas
7) 20 ユーロ　(viene　veinte　vive) euros
8) 18 ユーロ　(octavo　dieciocho　ochenta) euros
9) 本 27 冊　　(veinticinco　veintisiete　veinte) libros
10) 14 ヶ国　　(cuatro　catorce　cuarenta) países
11) 1 分　　　(uno　un　una) minuto
12) 4 時間　　(cuatro　cuarto　cuarenta) horas
13) 5 人　　　(quinto　cinco　cincuenta) personas
14) 6 ユーロ　(seis　seiscientos　sesenta) euros
15) 本 8 冊　　(ocho　octavo　ochenta) libros
16) 9 ヶ国　　(nueve　noventa　nuevo) países
17) 11 分　　　(once　uno　un) minutos
18) 12 時間　　(doce　dos　décima) horas
19) 13 人　　　(tres　trece　treinta) personas
20) 16 ユーロ　(dieciséis　sesenta　diez y siete) euros
21) 17 円　　　(diecisiete　setenta　diez y seis) yenes
22) 本 19 冊　　(diecinueve　nueve　diez y pico) libros
23) 21 ヶ国　　(veintiuno　veintiún　veintiuna) países
24) 22 分　　　(veintidós　veinte　dos dieces) minutos
25) 23 時間　　(veintitrés　dos o tres) horas
26) 24 時間　　(veinticuatro　dos y cuatro) horas
27) 25 人　　　(veinticinco　dos a cinco) personas
28) 26 ユーロ　(veintiséis　dos de seis) euros
29) 本 28 冊　　(dos ocho　veintiocho) libros
30) 29 ヶ国　　(veintisiete　veintiocho　veintinueve) países

2 ビンゴゲーム

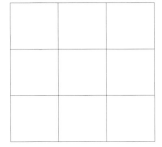

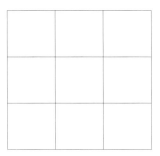

サッカーか闘牛か

闘牛場（マドリード）

皆さんの中には，スペインといえば闘牛（la corrida de toros）を連想する人も多いのではないでしょうか．闘牛のシーズンは，3月19日にバレンシア（Valencia）で開催される「サン・ホセ（San José）の火祭り（las Fallas）」と共に始まり，10月12日にサラゴサ（Zaragoza）で開催される聖母ピラール祭り（Pilar）で幕を閉じます．この間，マドリードでは毎週日曜日と祝日に闘牛が開催されます．また，5月の「サン・イシドロ（San Isidro）の祭り」の前後1ヶ月は連日開催されます．大都市の他，小さな町や村でも祭りがある時などに闘牛が開催されます．闘牛は夕方から始まり，日没までの約2時間行われます．入場券（la entrada）は闘牛場のチケット売り場（la taquilla）で購入します．座席は前列後列の他，日なた（Sol），日なたと日陰（Sol y Sombra），日陰（Sombra）の3種類に分かれており，日陰の料金が一番高くなっています．

闘牛場の観客席

闘牛場の座席表（ロンダ）

　スペインのスポーツ観戦といえば，サッカー（el fútbol）も忘れてはいけません. 世界的に有名なレアル・マドリード（el Real Madrid）やバルセロナ（el Fútbol Club Barcelona）といったチームが戦うスペイン・リーグ（la Liga Española）の試合は日本でもテレビで放送されるようになりました. このリーグ戦は毎週日曜日にスペイン各地で開催されます. リーグ戦のほか，国内では国王杯（la Copa del Rey）も開催されます. また，欧州各国のチームが戦うカップ争奪戦として UEFA 杯とチャンピオンズ・リーグ（la Liga de Campeones）もあります. マドリードのサンティアゴ・ベルナベウ・スタジアム（el Estadio Santiago Bernabéu）やバルセロナのカンプ・ノウ（el Camp Nou）はアクセスも抜群です. ボカディージョ（el bocadillo）を持って観戦してみましょう.

生ハムのボカディージョ

サンティアゴ・ベルナベウ・スタジアム（マドリード）

Lección  6

¿Preparas una paella? パエージャを作るの? 🔘 16

① **Compro** arroz, gambas mariscos y limones.

③ ¡Sí!

② ¡Ah! **Preparas** una paella, ¿verdad?

④ Pero hoy no **abren** el supermercado.

⑤ ¿Ah, sí? ¿¡Qué **comemos** hoy!?

🌱 Vocabularios

arroz 米 gamba エビ mariscos 魚介類 y そして limón (複 limones) レモン ¡ah! あ あ! una 不定冠詞→ p. 19 paella パエージャ ¿verdad? …でしょう? sí はい pero しか し hoy 今日 no …でない el→ 定冠詞 p. 19 supermercado スーパーマーケット qué 何

Gramática　しくみ　🔘 17

動詞 I

1　-ar で終わる動詞 ——「comprar 買う」の例を参考にして，活用表を完成させましょう.

主語 ＼ 動詞	買う comprar	準備する preparar	話す hablar	働く trabajar	勉強する estudiar
Yo	comp<u>ro</u>				
Tú	comp<u>ras</u>		habl<u>as</u>		
Él, Ella, Usted	comp<u>ra</u>				
Nosotros/Nosotras	comp<u>ramos</u>			trabaj<u>amos</u>	
Vosotros/Vosotras	comp<u>ráis</u>				
Ellos, Ellas, Ustedes	comp<u>ran</u>				estudi<u>an</u>

2　-er で終わる動詞 ——「comer 食べる」の例を参考にして，活用表を完成させましょう.

主語 ＼ 動詞	食べる comer	飲む beber	学ぶ, 学習する aprender	読む leer
Yo	com<u>o</u>			le<u>o</u>
Tú	com<u>es</u>	beb<u>es</u>		
Él, Ella, Usted	com<u>e</u>			
Nosotros/Nosotras	com<u>emos</u>		aprend<u>emos</u>	
Vosotros/Vosotras	com<u>éis</u>			
Ellos, Ellas, Ustedes	com<u>en</u>			

エストゥディアール
estudiar
勉強する

3 -ir で終わる動詞──「abrir 開く，開ける」の例を参考にして，活用表を完成させましょう.

動詞 主 語	開く，開ける abrir	住む vivir	書く escribir	受け取る recibir
Yo	abro			
Tú	abres		escribes	
Él, Ella, Usted	abre			recibe
Nosotros/Nosotras	abrimos			
Vosotros/Vosotras	abrís	vivís		
Ellos, Ellas, Ustedes	abren			

Ejercicios 練習

1 適切な語を○で囲みましょう.

1) Yo (leo   lees   lee) un libro de cocina. 　　私は料理の本を読みます.
2) Luis y yo (habla   hablan   hablamos) italiano. 　ルイスと私はイタリア語を話します.
3) ¿(Comen   Coméis   Comemos) vosotros? 　　君たちは食事をするの？
4) (Estudio   Estudiamos   Estudian) mucho. 　　私たちはたくさん勉強します.
5) ¿(Vivís   Vives   Vivir) con Enrique? 　　君はエンリケと住んでいるの？
6) (Escribamos   Escribimos   Escriben) la receta. 　私たちはレシピを書きます.
7) ¿Dónde (trabajáis   trabajamos   trabajar)? 　君たちはどこで働いているの？
8) (Compro   Compra   Compramos) un limón. 　私はレモンを買います.
9) Juan (abro   abre   abrir) la boca. 　　フアンは口を開けます.
10) ¿(Bebes   Bebéis   Beben) vosotros zumo de naranja?

　　　　　　　　　　　　　　　　　　　君たちはオレンジジュースを飲むの？

2 日本語に合うように下のワク内から動詞を選び(　　)に入れましょう.

1) ¿(　　) usted español? 　　あなたはスペイン語を学ぶのですか？
2) ¿Qué (　　) ustedes? 　　あなた方は何を食べているのですか？
3) ¿(　　) inglés? 　　彼は英語を勉強するのですか？
4) Yo (　　) un jersey. 　　私はセーターを買います.
5) ¿(　　) vosotros en japonés? 　君たちは日本語で書くの？
6) ¿Dónde (　　) tú y Ken? 　君とケンはどこで働いているの？
7) Mi madre (　　) la cena. 　私の母は夕食を準備します.
8) ¿(　　) tú español todos los días? 君は毎日スペイン語を勉強するの？
9) Ellos (　　) mucho. 　彼らはたくさん読書をします.
10) Nosotros (　　) en Las Palmas. 　私たちはラス・パルマスに住んでいます.

> a) escribís   b) aprende   c) comen   d) leen   e) prepara
> f) trabajáis   g) vivimos   h) estudia   i) compro   j) estudias

スペインの夏休み

スペインの暑い夏

スペインにも四季はありますが，春（la primavera）と秋（el otoño）は概して短く，冬（el invierno）が終わると突然夏（el verano）がやって来るといった感じがします。地中海性気候（el clima mediterráneo）のため，夏は雨（la lluvia）が少なく，カスティーリャ地方より南の大地からは緑が消えてしまい，まるで砂漠のような風景が広がります。また，湿潤な北部の一部の地域を除き，大部分が乾燥した気候のスペインでは，昼（el día）と夜（la noche）の気温の差は大きく，日中には最高気温が40度近くに達した日でも，夜にはジャケット（la chaqueta）が手放せないこともあります。日中でも日なたと日陰とでは体感温度が随分違います。暑いな！と感じても日陰に入ると意外に涼しく，気持ちよく過ごせます。

それでもやはり夏は暑いため，スペイン人は長い夏休みを取ります。7月から9月が夏休みシーズンで，その間に学生は2〜3ヶ月，社会人は2週間から1ヶ月の休みを取ります。ですからこの間，多くのお店が休んでしまい，企業や役所の機能も大幅に低下します。そして，8月には町の中から人の姿が消えて，静まり返ります。いったい皆どこへ行ってしまうのでしょうか。

昼下がりの町

コチェ
coche

くるま

オレンジジュースのユニークな屋台

海や山のリゾート地や，国外旅行に出掛ける人もいますが，スペイン人の多くは故郷に帰省して，家族と過ごします．そしてこの時期，いわゆる帰省ラッシュの大渋滞（el atasco de tráfico）も発生します．残念な事に，この時期には交通事故も多発し，夏休み明けには休暇期間中の交通事故死亡者数が新聞で発表され，その数には毎年驚かされます．

オレンジジュース・100% ナチュラル！

人々で賑わう浜辺

ソル
SOL
太陽

Lección  7

Yo te regalo un libro. 私は君に本をプレゼントします． 🔘 18

Vocabularios

feliz cumpleaños 誕生日おめでとう　yo → p. 14　regalo → 動 regalar 動 プレゼントする
un → 不定冠詞 p. 19　libro 本　gracias → p. 10　de …の　cocina 料理　sí はい
preparas → 動 preparar 準備する　esta この　paella パエージャ

Gramática　しくみ　🔘 19

1　代名詞 ——「…は」「…に」「…を」

…は	…に	…を
yo　私は	me　私に	me　私を
tú　君は	te　君に	te　君を
él, ella, usted 彼は，彼女は，あなたは	le 彼に，彼女に，あなたに	lo/la 彼を，彼女を，あなたを，それを
nosotros/nosotras　私たちは	nos　私たちに	nos　私たちを
vosotros/vosotras　君たちは	os　君たちに	os　君たちを
ellos, ellas, ustedes　彼らは， 彼女らは，あなた方は	les　彼らに，彼女たちに， あなた方に	los/las　彼らを，彼女らを，あなた 方を，それらを

¡OJO!　オホ！気をつけて！

☆ 代名詞って何??

　　ミカという子がいるとします．ミカが話をするとき，自分のことを代名詞で呼ぶと「私」となります．ミカがケンに話しかけるとします．ミカがケンを呼ぶときの代名詞は「君」です．その場にいない友達のマリアのことを話題にする場合，代名詞を使うと「彼女」になります．

 ☆ 肯定文での語順：　主語 …は ＋ 代名詞 …に，…を ＋ 動詞 …する ．

 ☆ 否定文での語順：　主語 …は ＋no＋ 代名詞 …に，…を ＋ 動詞 …する ．

Ejercicios 練 習

1 例にならって □ の語句を代名詞に書き換えましょう．代名詞は前ページの表「…に」から選んでください．さらに **Sí** と **No** で答えましょう．

例 ¿Él escribe a María? → ¿Él le escribe? → Sí, él le escribe.

彼は マリアに 手紙を書きますか？ 　 彼は 彼女に 手紙を書きますか？ 　 はい，彼は 彼女に 手紙を書きます．

No, él no le escribe.

いいえ，彼は 彼女に 手紙を書きません．

1) ¿Tú escribes a Ken?

君は ケンに 手紙を書くの？

2) ¿Vosotros escribís a Juan?

君たちは フアンに 手紙を書くの？

3) ¿Ella enseña a María y Carlos?

彼女は マリアとカルロスに 教えますか？

2 例にならって □ の語句を代名詞に書き換えましょう．代名詞は前ページの表「…を」から選んでください．さらに **Sí** と **No** で答えましょう．

例 ¿Ella lee el libro? → ¿Ella lo lee? → Sí, ella lo lee.

彼女は 本を 読みますか？ 　 彼女は それを 読みますか？ 　 はい，彼女は それを 読みます．

→ No, ella no lo lee.

いいえ，彼女は それを 読みません．

1) ¿Tú comes la tarta?

君は ケーキを 食べるの？

2) ¿Vosotros enseñáis el español?

君たちは スペイン語を 教えるの？

3) ¿Ella compra las flores?

彼女は 花を 買いますか？

フロール
flor
花

パラドール

パラドール(カディス)

スペインには2017年現在46ヶ所もの世界遺産(los Patrimonios Mundiales)があります．つまり，スペインは世界有数の世界遺産保有国なのです．ヨーロッパのビーチリゾートとして観光産業が発達したスペインでは現在，こうした世界遺産やその他多くの歴史的建造物(los monumentos históricos)を有効活用し，新たな「文化観光」を促進しようという動きが盛んです．

歴史的建造物の有効利用としてユニークなのはパラドール(el parador)と呼ばれる国営ホテルチェーンです．なんと中世の城(el castillo)や修道院(el monasterio)などの歴史的建造物に宿泊することができるホテルなのです．1928年にベガ・インクラインという人の発案で開業し，90年の歴史を有するこの国営ホテルチェーンは，廃墟となった貴重な建造物を修復し，地域の観光事業を促進することを目指しています．現在スペイン全土で約90のパラドールが営業しています．

パラドール(レオン)

エストレージャ
estrella
★★ 星

パラドールの室内（レオン）

国営ホテルといっても日本の国民宿舎のような宿ではなく，4ツ星から5ツ星（de cuatro a cinco estrellas）の豪華ホテル（el hotel de lujo）なのです．サービスも一流ホテル並みなのですが，シーズンオフ（la temporada baja）にはお得な料金設定もあり，気軽に泊まることもできます．また，レストランではそれぞれの地方の郷土料理も味わえます．

歴史的建造物を改修したといっても設備は近代的で．とても快適です．レオン（León）やサンティアゴ・デ・コンポステーラ（Santiago de Compostela），カセレス（Cáceres）のパラドールは14世紀から16世紀の建物を改築したもので特におすすめです．

パラドール
（サンティアゴ・デ・コンポステーラ）

パラドール（カセレス）

Lección   8

Tengo hambre. おなかがすいたよ. 🔘 20

① Tengo hambre.

② Tenemos unos bocadillos.

← jamón

queso

③ ¡Voy a comer un bocadillo de jamón!

④ ¿Todavía **tienes** hambre?

⑤ **Quiero** comer otro bocadillo …

🌱 Vocabularios

tener hambre　おなかがすく　unos → 不定冠詞 p. 19　bocadillo　ボカディージョ　de　…の
jamón　ハム　queso　チーズ　todavía　まだ　otro　もう1つの / 他の　ir a+動詞(原形)　…するつもり

Gramática　しくみ　🔘 21

1　動詞 Ⅱ ── 活用表を完成させましょう.

作る, する hacer	見る, 会う ver	与える dar	知っている saber		持つ tener	行く ir
hago						
	ves					vas
		da				
					tenéis	

理解する entender	欲する / …したい / 愛する querer	始める empezar	…できる poder	注文する pedir
			puedo	
	quieres			
entendemos				
				pedís

カラマール
calamar
イカ

Ejercicios 練 習

1 適切な語を○で囲みましょう. ( )には主語を入れましょう.

1) ¿A dónde (ves　vas　eres)? （　　　）はどこへ行くの？

2) Ellos (ven　salen　hacen) unos bocadillos. （　　　）はボカディージョを作ります.

3) ¿(Entiende　Quiere　Pide) comer más? もっと召し上がりますか？

4) Ana y Enrique (están　tienen　son) hambre. アナとエンリケはおなかがすいています.

5) (Pedimos　Sabemos　Podemos) un café. （　　　）はコーヒーを注文します.

2 下のワク内から適切な動詞を選び( )に入れましょう.

1) Juan ( ) trabajar en el restaurante. フアンはそのレストランで働きたいです.

2) Mamá ( ) a preparar la comida. ママは料理をし始めます.

3) ¿Qué ( ) hoy? 今日私たちは何を作るのですか？

4) Yo ( ) un bocadillo. 私はボカディージョが欲しいです.

5) Ellas no ( ) a Pedro hoy. 彼女らは今日ペドロに会いません.

a) hago	b) ven	c) trabaja	d) empiezan	e) quiero
f) sabes	g) quiere	h) cocina	i) hacemos	j) empieza

3 ( )に適切な語を入れて，会話文を完成させましょう.

1) ¿( ) hambre? — Sí, tengo hambre.

2) ¿Quieres una caña? — No, no la ( ).

3) ¿Qué vais a tomar? — ( ) a tomar un café.

4) ¿Qué me ( )? — Te doy un bocadillo.

5) ¿Me ( )? — Sí, te entendemos.

4 poder を使って，次の表現をスペイン語で言いましょう.

例 スーパーマーケットへ行ってくれる？（スーパーマーケットへ行く ir al supermercado）
　　→ ¿Puedes ir al supermercado?

1) ペドロに会ってくれる？（ペドロに会う ver a Pedro）

2) メキシコへ行ってくれる？（メキシコへ行く ir a México）

3) 英語を喋ってくれる？（英語を話す hablar inglés）

旅の食事

スペイン旅行の楽しみのひとつはなんと言っても食事でしょう．各地の名物料理を食べ歩くだけで，スペインの多様性を実感することができます．しかし，旅行をしていると移動中に食事の時間が重なり，レストランに行けないこともあります．そんな時でも心配は無用です．グルメの国スペインには移動中にもおいしいものが色々と楽しめるのです．

車内サービス中のお嬢さん（AVE 車内）

列車の中のカフェテリアでくつろぐ乗客

クチャラ
cuchara
スプーン

鉄道の駅やバスターミナルにはカフェテリア（la cafetería）や bar があり，そこではバゲットパンに生ハム（el jamón serrano）やジャガイモ入りオムレツ（la tortilla），ソーセージ（el chorizo）などを挟んだサンドイッチ（el bocadillo）が売られています．これは日本の駅弁にあたるもので，スペイン人が旅行をする時には欠かせない食事です．固いパンに jamón や tortilla が挟んであるだけですので一見とても地味ですが，この素朴な味がなんとも言えずおいしく，一度食べたら病み付きになってしまいます．bocadillo を買い忘れても長距離列車には cafetería 車両が連結されていますので，そこで軽い食事をすることもできます．流れ行く車窓の景色を眺めながら，bocadillo とビール（la cerveza）や清涼飲料水（el refresco）で食事をするのは格別です．以前は，ホテル列車（el tren hotel）と呼ばれる夜行列車の食堂車で豪華な夕食（la cena）や朝食（el desayuno）を楽しむこともできました．しかし，夜行列車や cafetería を連結する列車はだんだん少なくなってきています．ですから，cafetería を連結している列車に乗ったら是非試してみましょう．

水道橋と土産店（セゴビア）

列車のカフェテリアでの朝食

テネドール
tenedor

フォーク

Lección 9

Me gusta mucho. 大好きです. 🔘 22

① ¿Qué tal la comida española? ¿Te gusta?

② Sí, me gusta mucho.

③ ¿A vosotros os gusta la comida japonesa?

④ ¡Sí! Me gustan el domburi y el karaague.

⑤ Pero a mí no me gusta el sashimi.

sopa de ajo

champiñones a la plancha

domburi　karaague

sasimi

🌱 Vocabularios

qué tal → p. 10　la → 定冠詞 p. 19　comida 料理　española → español スペインの　sí はい
mucho とても　japonesa → japonés 日本の　el → 定冠詞 p. 19　pero しかし　no …でない
sopa de ajo にんにくスープ　champiñones a la plancha マッシュルームの鉄板焼き

Gramática　しくみ　🔘 23　「○は△が好きです.」

…は				好きです	…が
A	mí	me	+	gusta	単数名詞 el café コーヒー
	ti	te			
	él, ella, usted, 人名 (María)	le			
	nosotros / nosotras	nos		gustan	複数名詞 los churros チューロス (→ p.20)
	vosotros / vosotras	os			
	ellos, ellas, ustedes, 人名 (María y Carlos)	les			

¡👀! オホ! 気をつけて!

☆ 斜体部分（A mí, A ti など）は省略できます.

A mí me gusta el café.　　　= Me gusta el café.
　私はコーヒーが好きです.　　　　私はコーヒーが好きです.

A María le gusta el café.　　= Le gusta el café.
　マリアはコーヒーが好きです.　　　彼女はコーヒーが好きです.

☆ gustar は ① **gusta** か ② **gustan** に活用させます.

① **gusta** と ② **gustan** の使い分け

①好きなものが単数：私はコーヒーが好きです.　= Me **gusta** el café.

②好きなものが複数：私はチューロスが好きです. = Me **gustan** los churros

テ té 紅茶

Ejercicios 練習

1 日本語に合うように，42 ページの表から適当な語を選び，(　　　)に入れましょう.

1) ¿Qué te (　　　　　)?　　　　　　　　　　　　君は何が好きなの？

— A (　　) me (　　　　　　) el café.　　　　私はコーヒーが好きです.

Pero a Carlos no (　　) (　　　　　　) el café.　でもカルロスはコーヒーが好きではありません.

2) ¿(　　　) (　　　　　　) las frutas?　　　　君はくだものが好きなの？

— Sí, (　　　) (　　　　　　) las naranjas.　はい，私はオレンジが好きです.

Pero no me (　　　　　) las manzanas.　　でもリンゴは好きではありません.

2 日本語に合うように [　　　] の語を並べ替えましょう.

1) 子供たちは何が好きなの？ ¿[qué　gusta　les　los niños　a]?

— 彼らはオレンジジュースが好きです. [el zumo　les　gusta　de　naranja].

2) 君たちはマリアと話をすること*が好きですか. ¿[gusta　hablar con　os　María]?

— はい，私たちはとても好きです. [nos　sí　mucho　gusta].

* 動詞の活用させない形を用いて「…すること」を表すことができます.

3 「○は△に興味がある (interesar)」・「○は△が痛い (doler)」という表現も，「○は△が好きだ」と同じしくみです. (interesar の活用: interesa/interesan　　doler の活用: duele/duelen)

例 ¿Te interesa el fútbol?　　　　　　君はサッカーに興味があるの？

— Sí, me interesa el fútbol.　　　　はい，私はサッカーに興味があるよ.

正しい語を○で囲みましょう.

1) ¿Qué os {interesa / interesan}?　　　　　　　　　君たちは何に興味があるの？

— Nos {interesa / interesan} España y Francia.

　　　　　　　　　　　　　　　　　　　　私たちはスペインとフランスに興味があるよ.

2) ¿A usted {me / te / le} {duele / duelen} el estómago?　あなたは胃が痛いですか？

— No, no me {duele / duelen} el estómago.　　いいえ，私は胃が痛くありません.

Me {duele / duelen} la cabeza y la garganta.　私は頭とのどが痛いです.

カフェのお話

グラスで出されたホットコーヒー

スペイン人はコーヒー（el café）が大好きです．ほとんどの restaurante や bar には大きなエスプレッソマシンが置いてあり，食事の後に café を楽しめるようになっています．また，大学や病院，大企業の事務所の中にも cafetería があり，勉強や仕事の合間にコーヒーブレークを取るのは，一般的な習慣になっています．

スペイン人は café の味にこだわりを持っていますので，その種類も豊富です．濃いエスプレッソコーヒーで気分を引き締めたい時は café solo，少し牛乳の入ったものが欲しい時は café cortado，牛乳たっぷりのカフェラテが欲しければ café con leche を注文します．更に牛乳の量が多い café manchado というのもあります．これらの牛乳で割ったコーヒーを注文すると，必ず牛乳の温度の好みを聞かれます．熱い牛乳で割って欲しければ leche caliente，冷たい牛乳が良ければ leche fría，ぬるい牛乳なら leche templada と頼みます．また，アイスコーヒーはありませんので，冷たいコーヒーが飲みたければ，café con hielo を注文しましょう．熱いコーヒーと，氷入りのグラスが出てきますので，自分でコーヒーをグラスに注いで，アイスコーヒーにします．

アイスコーヒー（右は氷の入ったグラス）

カフェ ソロ
café solo
コーヒー（ブラック）

甘いお菓子も一緒にどうぞ！

夕食後コーヒーを飲むと眠れなくなるという人には，カフェインが入っていないコーヒー（el descafeinado）もありますし，コーヒーが苦手な人には紅茶（el té）や各種ハーブティー（la infusión）もあります．

ミルクたっぷりカフェ・コン・レチェ

テラスでのんびり

マンサニージャ
manzanilla
カモミール

Lección 10

Me llamo Ana. 私の名前はアナです． 🔘 24

🌱 **Vocabularios**

Ana　アナ(女の子の名前)　　a la(s)+数字　…時に　　y　そして　　la→定冠詞 p. 19　　cara　顔
qué　何　　hoy　今日

Gramática　しくみ 🔘 25

動詞 III（再帰動詞）—— 活用表を完成させましょう．

	起きる levantar**se**	髪をとかす peinarse	…という名前である llamarse	化粧する pintarse
Yo	**me** levant<u>o</u>			
Tú	**te** levant<u>as</u>			te pintas
Él, Ella, Usted	**se** levant<u>a</u>			
Nosotros/Nosotras	**nos** levant<u>amos</u>		nos llamamos	
Vosotros/Vosotras	**os** levant<u>áis</u>			
Ellos, Ellas, Ustedes	**se** levant<u>an</u>	se peinan		

（自分の体を）洗う lavarse	寝る acostarse	（服などを）着る ponerse	（衣服などを）脱ぐ quitarse
			me quito
	se acuesta		
nos lavamos			
		se ponen	

アコスタールセ
acostarse
寝る

Ejercicios 練習

1 46 ページの表を見て（　　　）に適切な語を入れましょう.

1) Yo (　　　) (　　　　　　　　　) las manos.　　　私は手を洗います.

2) Los niños (　　　　) (　　　　　　　　) temprano.　　　子供たちは早く寝ます.

3) Ellas (　　　　) (　　　　　　) el delantal.　　　彼女らはエプロンをつけます.

4) Él (　　　　) (　　　　　　　) Carlos.　　　彼はカルロスという名前です.

5) ¿(　　　　) (　　　　　　　　)?　　　君は化粧するの？

2 1の文 1)〜5)の主語を変え，さらに否定文にして全文を書き換えましょう.

　　語順は，主語＋no＋動詞. となります.

1) Nosotros

2) Yo

3) Vosotros

4) El chico

5) Ana

3 （　　　）に適切な語を入れて，会話文を完成させましょう.

1) ¿Cómo se llama esta tarta?

　　— (　　　　　　　　　　) "Tarta de Santiago*".

2) ¿Ya (　　　　　　　　)?

　　— Sí, ya me levanto.

3) ¿Qué se pone usted?

　　— (　　　　　　　　　) el delantal.

* Tarta de Santiago: ガリシア地方のアーモンドケーキ (p. 21 参照).

ピンタールセ
pintarse
化粧をする

スペインのクリスマス

広場に飾られた大きなクリスマスツリー

スペインはカトリックの国です．ラテンアメリカもそうですが，人々にとってクリスマス（la Navidad）は一年で最も重要な日です．

スペインのクリスマスは，日本のように24日のクリスマスイブ（la Nochebuena）と25日だけというのではなく，年末年始にかけて祝われます．22日に行われるクリスマスの宝くじ（el Sorteo de Navidad）抽選会を皮切りにクリスマスのお祝いがスタートします．カレンダーの上では25日だけが祝日ですが，多くの人達がこの前後は休暇を取って，家族と共に過ごすために帰省したりします．ですから大渋滞（el atasco de tráfico）が発生します．休みを取らない人たちも24日は昼まで働いて，午後からは家に帰ってクリスマスの準備をします．ですから，24日の午後は，ほとんどの店が営業を終えてしまいます．クリスマス，そして年末年始を安心して楽しく過ごすためにも，24日の午前中までに買い物は済ませておかなければいけません．そのため，12月は日曜日でも百貨店やスーパーをはじめ商店が営業しています．そして，プレゼントや食料品を買い込む人たちで12月の週末は街中人で溢れかえります．スペインでは伝統的に1月6日（el día de los Reyes Magos）に子供たちがプレゼントをもらう習慣があり，その日までクリスマスの祝祭が続きます．

12粒のブドウをモチーフにしたイルミネーション

ペスカード
pescado

さかな

イルミネーション（「平和」の文字も見える）

クリスマスに食べるものといえば，七面鳥（el pavo）ですが，スペインのクリスマス料理のメインは大きなエビ（la langosta）や，魚（el pescado），うなぎの稚魚（la angula）などのシーフード（el marisco）です．そのため，この時期は魚介類の値段が高騰しますので，早めに仕入れて冷凍したり，保存が利く物はなるべく早めに買っておきます．

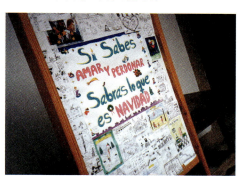

クリスマスの掲示板

また，スペインでは，クリスマスケーキよりも，トゥロン（el turrón）と呼ばれるアーモンド菓子やポルボロン（el polvorón）というクッキーのようなお菓子，そしてチョコレート菓子を食べます．

また，大みそかの夜（la Nochevieja）には，12時の鐘に合わせて12粒のブドウを飲み込むようにして食べ，新年の幸福を願うという習慣もあります．

雪の大聖堂（サラマンカ）

Lección

11

¡Espera! 待って！ 🔘 26

Vocabularios

María マリア(女の子の名前)　ven → 動 venir 来る　aquí ここに　sí はい
limpia → 動 limpiar 拭く・掃除する　la → 定冠詞 p. 19　mesa テーブル　vale 分かりました / 了解
lava → 動 lavar 洗う　los → 定冠詞 p. 19　platos お皿　espera → 動 esperar 待つ

Gramática しくみ 🔘 27 「…して！／…しなさい！」

	-ar 動詞* hablar 話す	-er 動詞* comer 食べる	-ir 動詞* escribir 書く
tú に対する命令	habla 話して！	come 食べて！	escribe 書いて！
vosotros/vosotras に対する命令	hablad 話して！	comed 食べて！	escribid 書いて！

*規則動詞の分類については pp. 30〜31 参照.

¡OJO! オホ！気をつけて！

☆ tú に対する命令は，現在形の 3 人称単数(él, ella, usted が主語の場合)の形と同じ.
☆ vosotros/vosotras に対する命令は，動詞の原形から -r を取り -d を付ける.
☆ tú に対する命令の不規則形.

venir （来る）→ ven （来て / 来なさい）
tener （持つ）→ ten （持って / 持ちなさい）
ir 　 （行く）→ ve 　（行って / 行きなさい）
hacer （作る，する）→ haz （作って / 作りなさい，…して / …しなさい）

sopa
スープ

Ejercicios 練習

1 「君…しなさい」の表現として正しいものを選びましょう.

1) [買う comprar] (Compra Compre Comprad) esta verdura.

君，この野菜を買いなさい.

2) [歌う cantar] María, (cantad canta cante) otra vez. マリア，もう一度歌って.

3) [飲む beber] ¡(Bebemos Bebe Bebed) más vino! 君，もっとワインを飲んで！

4) [待つ esperar] (Espera Esperar Esperad) un momento. 君，少し待って.

5) [食べる comer] Tú, (come coma comed) más. 君，もっと食べて.

6) [開ける abrir] Mamá, (abrid abres abre) la puerta.

お母さん，とびらを開けて.

2 1の1)〜6)の文を「君たち」に対する命令文に書き換えましょう.

1)

2)

3)

4)

5)

6)

3 スペイン語圏で親になったつもりで，子供に注意してみましょう.

1) こっちにおいで！（ここに来る venir aquí）

2) 気をつけて！（気をつける tener cuidado）

3) 父ちゃんの部屋へ行って！（父ちゃんの部屋へ行く ir a la habitación de papá）

1)  2)  3)

4 Haz "Canasta revuelta" con tus amigos. ("Canasta revuelta" (スクランブルバスケット) は日本でいう「フルーツバスケット」です．各ページの欄外にあるイラストも活用しましょう.)

スペインの言語

「本の日」の出店

ス ペイン語（el español）は，スペインだけでなくラテンアメリカを中心に20か国の公用語となっており，世界中で4億7千万人もの人々によって話されている国際的な言語です．しかし，一方でスペインではスペイン語の他にもいくつかのことばが話されているのです．

皆 さんがこの教科書で学習しているスペイン語はカスティーリャ語（el castellano）とも呼ばれ，憲法（la Constitución Española）によりスペイン国家の公用語（la lengua española oficial del Estado）と定められています．この憲法はその他の地方言語も，自治憲章が公用語と規定すればその自治州内で公用語になると定めています．

ガリシア語	バスク語
ポルトガル語	アラゴン語
アストゥリエス語	カタルーニャ語
ミランダ語	アラン語
カスティーリャ語	バレンシア語

イベリア半島の言語分布地図（『スペインとポルトガルのことば』同学社刊より転載）

アニモ
¡ánimo!
がんばれ！

ガリシア語表記の工事現場の看板（部分）

　その結果，6つの自治州がカタルーニャ語（el catalán; català），ガリシア語（el gallego; galego），バスク語（el vascuence; euskera），バレンシア語（el valenciano; valencià），アラン語（el aranés; aranés）の合計5つの地方言語を公用語として定めています（カタルーニャ語とバレンシア語を同じ言語とみなす立場もあります）．これらの自治州ではカスティーリャ語と地方言語が等しく公的な場で使用されることが法律で定められています．自治州ごとに差はありますが，新聞やテレビ，ラジオなどのマスメディアや教育でも使用されています．

飛行場の掲示板（バルセロナ）
（カタルーニャ語・英語・カスティーリャ語併記）

　このようにスペインは言語的に多様な国です．皆さんも地方を旅行する際は，その地方のことばを少し勉強して行くと，違った角度からスペインを見ることができることでしょう．詳しくは坂東省次・浅香武和編『スペインとポルトガルのことば』同学社（2005）などが参考になるでしょう．

バルセロナの飛行場の喫煙コーナー
（カタルーニャ語・英語・カスティーリャ語併記）

土井　裕文
関西外国語大学

柿原　武史
関西学院大学

橋本　和美
天理大学

検印廃止

ⓒ 新・スペイン料理はいかが？（テキスト＋CD）

¿Qué tal la comida española?

—edición revisada—

2007 年 2 月 1 日　初版発行	定価　本体 2,500 円（税別）
2018 年 2 月 1 日　新・初版発行	

	土　　井　　裕　　文
著　者	柿　　原　　武　　史
	橋　　本　　和　　美
発行者	近　　藤　　孝　　夫
印刷所	研究社印刷株式会社

発行所　株式会社　同　学　社

〒112–0005 東 京 都 文 京 区 水 道 1–10–7
電話（03）3816–7011（代表）　振替 00150–7–166920

ISBN 978–4–8102–0436–0　　　　Printed in Japan

（有）井上製本所